Por amor al FÚTBOL

PELÉ, TRES VECES CAMPEÓN DEL MUNDO

ILUSTRADO POR
Frank Morrison

Traducido por
Diego e Isabel Campoy

Disney • Hyperion
LOS ANGELES NEW YORK

Desde que era pequeño
sabía que el **fútbol** era
mi deporte.

¡Jugaba con cualquiera,

a cualquier hora,

en cualquier sitio!

Unos cuantos toques o
una gran
patada—

me **encantaba** que la
pelota hiciera lo que yo quería.

Pero practicar mis jugadas

no era **nada**

comparado con un **partido**

de **verdad.**

Cuando estaba en el campo, yo era parte de **algo especial**. Era parte del **equipo**.

En el **segundo**
en que pitaba el silbato,
todos los jugadores
explotaban en **acción**.

Los pies **volaban** sobre el césped, **pasando**, **driblando**, **regateando**.

Y una vez que la pelota caía en el lugar exacto...

¡Hacia mi mejor jugada!

Había momentos en
que la pelota parecía
quedar en suspenso
en medio del aire,

para **siempre**,
hasta que . . .

¿Sabes qué es mejor
que meter un gol en un
gran partido?

¡Nada!

He ganado muchos
partidos. Pero, sin
embargo, ganar no
lo es todo:

Lo que cuenta es saber perder.

Alguna gente me ha llamado el mejor jugador de fútbol del **mundo.** Pero nunca he **jugado** para ser **famoso.**

Juego por **amor** al deporte.

Algo más sobre Pelé

Pelé nació el 23 de octubre de 1940, en un pueblecito de Brasil. Su padre, Dondinho, y su madre, Doña Celeste, le pusieron el nombre Edson Arantes do Nascimento, pero todos lo llamaban Dico. No le pusieron el apodo de Pelé hasta que tenía nueve o diez años. Incluso hoy en día no tiene idea de lo que significa "Pelé" ni de quien le dio ese nombre. De hecho al principio, a él no le gustaba ese apodo. Pero por alguna razón el nombre pegó, y así se le conoce ahora en el mundo.

El fútbol ha sido desde el principio gran parte de la vida de Pelé. Su padre jugaba profesionalmente hasta que se lesionó una rodilla.

Le enseñó a su hijo todo lo que sabía. Doña Celeste, sin embargo, no quería que su hijo se hiciera jugador de fútbol. Temía que se fuera a hacer daño como su padre. De hecho nunca asistió a ningún partido de Pelé ¡porque no quería ver que lo lesionaran!

Pero Pelé amaba demasiado el deporte para dejarlo, aunque fuera por su queridísima madre.

Pelé creció en un barrio pobre. Nadie tenía dinero para equipar a los jugadores. Así que él y sus amigos se hacían los balones llenando de papeles un calcetín viejo. Jugaban descalzos en carreteras polvorientas. Crearon un equipo y retaron a otros equipos a jugar partidos.

Algunos días jugaban desde el amanecer hasta que se ponía el sol.

Pelé pensaba en el fútbol todo el tiempo. En la escuela soñaba despierto en el fútbol, aún a sabiendas de que lo castigarían por no prestar atención. Se inventó tretas para ganar dinero y así poder equipar a los jugadores. Coleccionaba y vendía estampas de jugadores de fútbol famosos. Trabajó de limpiabotas.

Unos años más tarde, cuando tenía quince años, un famoso jugador de fútbol llamado Waldemar de Brito, se fijó en él. De Brito estaba tan impresionado que ayudó a Pelé a firmar con su primer equipo profesional. El equipo se llamaba Santos, como la ciudad donde jugaba.

Santos estaba lejos del pueblo de Pelé y al principio echaba mucho de menos a su familia. Una vez, hizo las maletas para tomar el tren de regreso a casa. Pero pronto volvió a su equipo. ¿Qué otra cosa iba a hacer? Después de todo, ser un jugador de fútbol profesional era su sueño.

Era un sueño que vivió plenamente. Pelé jugó para el Santos desde 1956 hasta 1974. Durante esos años también jugó en el Equipo Nacional de Brasil ayudándoles a ganar tres Copas del Mundo, la más alta competición de ese deporte en el mundo. Se retiró del Santos en 1974 y en 1975 firmó con un nuevo equipo, El Cosmos de Nueva York.

Cuando Pelé llegó a los Estados Unidos, el fútbol no era un deporte popular en este país. Pero, en gran parte, gracias a su asombrosa destreza y su personalidad, pronto consiguió seguidores que han aumentado a pasos agigantados. Hoy, niños y niñas en todo el país juegan en ligas, en los parques o en los patios de las casas.

Cualquiera que haya visto jugar a Pelé, sabe que nació para ser jugador de fútbol. Su pasión por el deporte brillaba siempre que pisaba un campo de juego. E incluso hoy, la magia del fútbol, ese deporte maravilloso, aparece en su amplia sonrisa cuando dribla o chuta al balón.

Para los niños del mundo,
especialmente los niños de Estados Unidos
que me recibieron con los brazos abiertos cuando
jugaba para el Cosmos de Nueva York. —Pelé

Para mi equipo de casa: Nia,
Nyree, Tyree y Nasir.
¡Sueñen grande! —F.M.

Texto copyright © 2010 de Pelé
Ilustraciones copyright © 2010 de Frank Morrison
Traducción copyright © 2010 de Disney • HYPERION
Reservados todos los derechos. Publicado por Disney • Hyperion, parte de Disney Book
Group. Ninguna porción de este libro puede ser reproducida ni transmitida por ninguna
via, electrónica o mecánica, incluyendo fotocopias, grabación, o sistema electrónico de
almacenamiento y recuperación, sin permiso escrito de la casa editorial. Para información
dirijanse a Disney • Hyperion, 125 West End Avenue, New York, New York 10023.

Originalmente publicado con el titulo *Por amor al fútbol*, mayo de 2010
Primera edición tapa dura de *World of Reading: Por amor al fútbol*, junio de 2020
Primera edición rústica de *World of Reading: Por amor al fútbol*, junio de 2020
10 9 8 7 6 5 4 3 2 1
FAC-029261-20129
Impreso en Estados Unidos

This book is set in Billy/SparkyType

Número de tarjeta del catálogo de la Biblioteca del Congreso para *Por amor al fútbol*:
2009015890
ISBN edición tapa dura: 978-1-368-05630-4
ISBN edición rústica: 978-1-368-05634-2

Visite www.DisneyBooks.com

33614082069724